AF555089

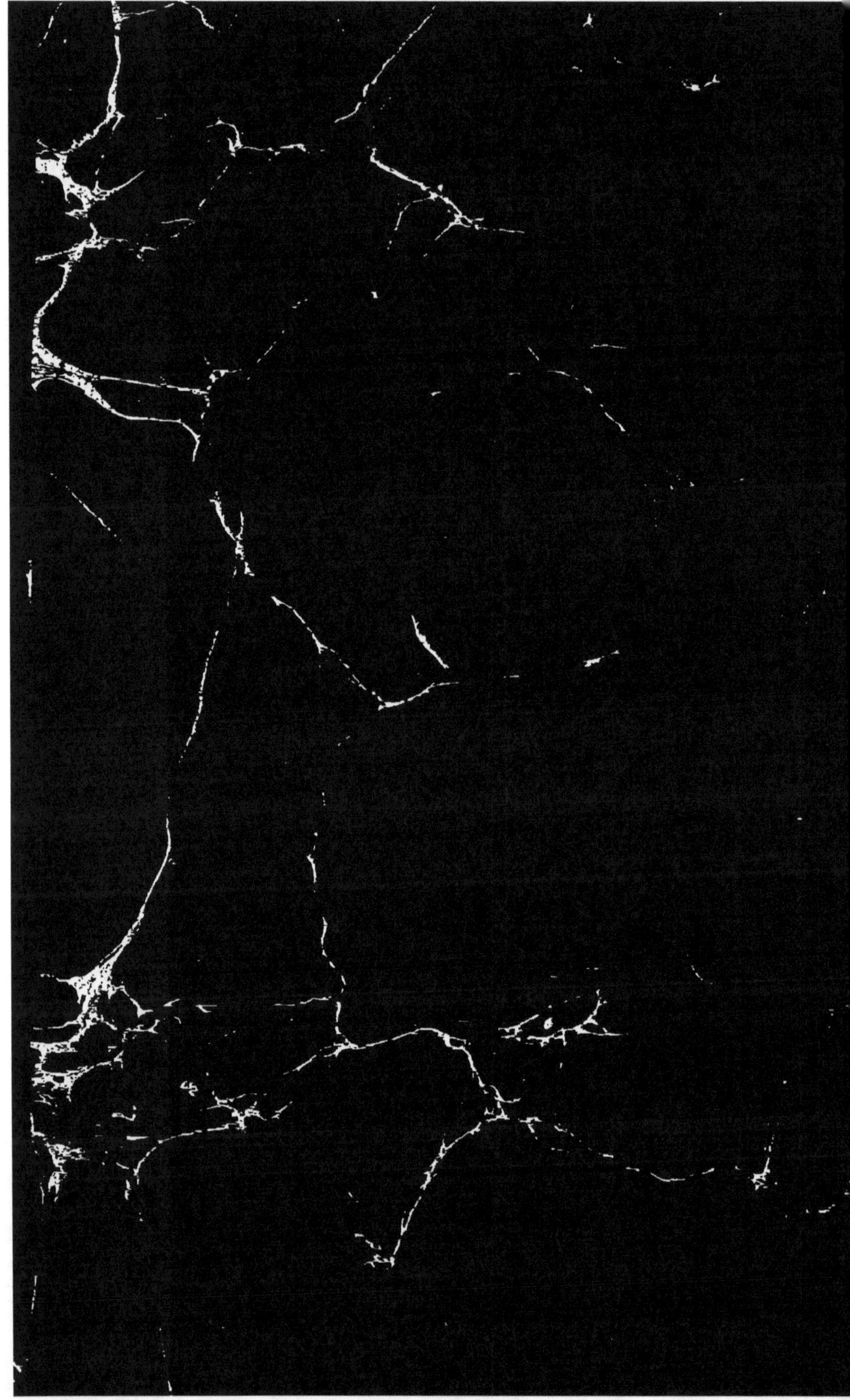

Löss

SOUVENIR

DE LA

TERREUR A LYON,

En 1793.

UN CHAPITRE DE PLUS

AU MÉRITE DES FEMMES.

SOUVENIR DE LA TERREUR

A Lyon, en 1793,

Par Maurice de L.

Lyon,

IMPRIMERIE DE C. REY JEUNE ET Cie,

Place Saint-Jean, 6.

—

1844.

AVANT-PROPOS.

Legouvé, dans son poème sur le *Mérite des Femmes*, a célébré en vers simples et touchants les vertus de la plus belle moitié du genre humain. Il a chanté tour à tour les nobles et courageux instincts que l'on rencontre quelquefois chez un sexe naturellement faible et timide, et ces sentiments pleins de douceur et de charme à l'aide desquels les femmes savent si bien embellir les existences qui leur sont chères. Il nous a fait connaître la tendresse incomparable de l'amour maternel, le dévouement sans bornes de l'amour filial et les délicieuses et sublimes nuances de cet autre amour trop souvent profané, mais qui peut passer, quand il est pur, pour une des plus exquises facultés de l'âme, pour une émanation directe de la Divinité.

Aux femmes appartient à bon droit

le monopole du cœur et de la tendresse. Elles seules connaissent cette sollicitude inquiète et continuelle qui accompagne toujours les objets de leur affection. A elles cette sensibilité ingénieuse et touchante qui sait si bien calmer les souffrances et centupler le bonheur. A elles cette abnégation complète qui ne se dément jamais, et qui les porte toujours à s'oublier elles-mêmes, quand il est question de l'intérêt ou seulement de la satisfaction des autres.

On est malheureusement obligé de reconnaître qu'il existe parmi les filles d'Ève une catégorie plus ou moins nombreuse à laquelle ne sont guère applicables les belles qualités que nous venons d'énumérer. C'est peut-être la faute de la pomme dorée qu'offrit l'esprit malin à notre belle aïeule. Fatale pomme, dont les pépins n'ont été que trop productifs ! Peut-être aussi la Providence a-t-elle voulu que les imperfections de la seconde catégorie fissent briller d'un plus vif éclat les perfections de la première ? Heureux ceux qui peuvent compter dans celle-ci une mère, une compagne ou une sœur.

Le passage le plus remarquable du *Mérite des Femmes* est bien celui où Legouvé raconte en vers chaleureux l'héroïque dévouement filial de Mlle de Sombreuil, de cette jeune fille qui, pour sauver son père d'entre les mains des cannibales de la Révolution, consentit à boire un verre de sang.

Sans doute la conduite de Mlle de Sombreuil fut admirable, et il y avait de l'héroïsme à accomplir sans hésiter, un des actes les plus révoltants qui puissent s'offrir à la nature humaine ; mais pour accomplir cet acte, dont nous sommes certainement bien loin de contester le mérite, il ne fallait qu'une forte résolution d'un instant ; il n'y avait pas de difficultés étrangères à vaincre, de grands périls à affronter ; il ne fallait pas, en un mot, cette longue et courageuse persistance dont peu de femmes sont susceptibles et où l'on voit même échouer beaucoup de caractères d'hommes.

Le trait que l'on va lire, quoiqu'il soit peu connu, n'en est pas moins intéressant, et on peut assurément lui donner une des premières places parmi les plus beaux dévouements que comptent les annales sanglantes de la Révolution française. Si Legouvé eût connu l'histoire de Mlle d'Ap.... il l'eût sans doute mise à côté de celle de Mlle de Sombreuil. C'eût été deux tableaux bien dignes de figurer ensemble, après avoir été peints par l'habile pinceau du même maître.

SOUVENIR

DE LA

TERREUR A LYON,

En 1793.

I.

Le siége de Lyon, poussé avec fureur par Dubois-Crancé, venait de finir. La force avait écrasé l'héroïsme, la malheureuse ville était au pouvoir de ses ennemis. Lorsque les tigres de la Convention s'en virent les maîtres, ils se hâtèrent d'y faire régner la terreur. Des tribunaux furent établis, les cachots se remplirent, et toutes les classes de la population lyonnaise furent mises en coupes réglées. La guillotine et la fusillade étaient en permanence. Personne n'avait la certitude de ne pas périr par la mitraille ou l'échafaud; pour être assuré contre la mort il fallait être soldat, juge ou bourreau. Peu de familles échappaient au sanglant tribut. Tous ceux qui n'avaient pu fuir, étaient arrêtés, jugés, condamnés et exécutés dans le plus court délai.

Ce fut alors que quelques âmes héroïques firent d'incroyables efforts pour arracher au triangle fatal des existences chéries. Beaucoup de ces dévouements admirables furent malheureusement inutiles; quelques autres, mais, hélas! en petit nombre, furent couronnés de succès; il en est peu qui offrent plus d'intérêt que celui dont on va lire l'histoire.

M. le comte d'Ap.... qui habitait alternativement l'Ardèche et la Haute-Loire, était venu, avant le siége, se réfugier à Lyon pour fuir les persécutions des patriotes du Puy qui en voulaient à sa vie. Il espérait vivre inaperçu dans une grande ville qui, du reste, passait alors pour une des plus hostiles au mouvement révolutionnaire. Son fils, fort jeune encore, et page de l'infortuné Louis XVI, avait émigré en compagnie de quelques parents et de quelques amis. Il eût peut-être émigré lui même; mais abandonner sa femme et sa fille dans un pareil moment lui fut chose impossible. Arrivèrent les évènements du siége; il en supporta avec courage et résignation les privations et les angoisses; il paya sa part de dévouement et de courage à la cause commune, et lorsqu'arriva le jour fatal de la défaite, sa famille le cacha, espérant le soustraire à l'inquisition des Jacobins. Quelques jours se passèrent sans qu'il fût découvert, enfin, il fut trahi, dénoncé et arrêté.

Dépeindre le désespoir de sa famille serait impossible : on avait déjà vu disparaître des centaines de parents et d'amis sous la hache sanglante; de la prison à l'échafaud il n'y avait qu'un pas. A la vue des gendarmes, Mlle d'Ap.... qui aimait son père avec toute la puissance d'une âme de feu, l'avait entouré de ses bras. Elle essayait de le soustraire aux mains des sbires, elle voulait lui faire un rempart de son corps ; mais que pouvaient les efforts d'une faible jeune fille de vingt ans. Le funeste cortége se mit en marche, et l'on se dirigea vers la prison.

Mlle d'Ap.... avait fortement saisi son père par le bras, et elle jurait avec une énergie effrayante qu'on ne l'en séparerait jamais. On venait d'arriver à la maison d'arrêt de St-Joseph. Là, une scène bien touchante allait avoir lieu. La jeune fille avait enlacé de ses deux bras le cou de son père, qui tâchait de donner à la pauvre enfant une confiance et un espoir qu'il n'avait pas lui-même, et faisait tous ses efforts pour la persuader de renoncer au projet qu'elle avait de le suivre en prison. Ses sollicitations, ses larmes, l'ordre même que lui donna son père de le quitter, tout fut inutile.

Les gendarmes s'impatientaient d'attendre: ils trouvaient les adieux bien longs, et pour couper court à toutes les observations, ils saisirent Mlle d'Ap.... par le milieu du corps, et voulurent la séparer de son père; mais leurs efforts réitérés furent impuissants, le désespoir avait quadruplé ses forces, ses étreintes convulsives résistaient à plusieurs bras réunis, elle semblait ne faire qu'un avec celui qu'elle aimait plus que la vie. Les coups, les mauvais traitements ne furent pas épargnés, rien ne put vaincre cette volonté de fer; la jeune fille voulait suivre la destinée de son père, elle voulait vivre ou mourir avec lui; l'amour filial avait vaincu, les portes s'ouvrirent, ils entrèrent ensemble..... Un instant après ils étaient introduits dans une salle triste et froide, où pénétrait un jour sombre à travers d'étroites fenêtres garnies de barreaux de fer. Là étaient entassés des malheureux de tous les âges et de toutes les conditions, qui attendaient en tremblant l'heure fatale où le geôlier, une liste à la main, venait faire l'appel des victimes. Ceux dont les noms étaient prononcés se jetaient dans les bras de leurs amis ou de leurs proches, et leur faisaient leurs derniers adieux. Ils allaient comparaître devant les juges iniques qui condamnaient toujours, et porter le lendemain leurs têtes sous le fer sanglant du bourreau. Lorsque le bruit des verroux se faisait entendre, lorsque les triples serrures rendaient leur grincement lugubre, on éprouvait un tressaillement général. On ignorait encore si c'étaient de nouveaux malheureux que l'on amenait, ou si l'on venait dans le bercail de la mort choisir des victimes pour le sacrifice.

La porte venait de s'ouvrir devant M. le comte d'Ap.... et sa fille. Les habitants de ce lieu de désolation s'empressèrent autour de leurs nouveaux compagnons d'infortune. C'était toujours un intéressant épisode, et le seul évènement qui fît un peu diversion à la commune tristesse que l'introduction des nouveaux arrivés; on les entourait, on les accablait de questions, on leur demandait de toutes parts les nouvelles du dehors, on s'informait avec avidité s'il n'y avait pas quelque espoir de délivrance ou de pardon..... Le père et la fille subirent l'interrogatoire ordinaire.

Après les nombreuses questions, vinrent les marques d'intérêt qui leur étaient données par tous les prisonniers. Chacun venait offrir ses services, chacun voulait être utile. Quoiqu'on ne se fût jamais connu, quoiqu'on fût complètement étranger les uns aux autres, on se traitait au premier abord comme des frères; la similitude de position, la communauté de souffrance rendaient inutile tout préambule cérémonieux : il n'y a rien qui rapproche les hommes comme le malheur. Enfin, le calme qui avait été troublé un instant se rétablit peu à peu. M. et Mlle d'Ap.... purent reconnaître quelques amis qui déjà depuis plusieurs jours gémissaient dans une continuelle agonie. Ils se groupèrent dans un coin de la prison, et là ils se livrèrent aux épanchements de la douleur et de l'amitié jusqu'au moment où les approches de la nuit les firent songer à prendre quelques dispositions pour pouvoir goûter un peu de repos.

M. et Mlle d'Ap.... avaient été arrêtés

si à l'improviste, qu'il leur avait été impossible de se pourvoir des choses les plus indispensables. Ils n'avaient point de manteaux, et cependant le froid se faisait vivement sentir. Ils s'établirent comme ils purent auprès de leurs amis qui partageaient avec eux leur maigre souper, leur paille et leurs couvertures, puis le silence devint général; on n'entendit plus que quelques paroles prononcées à voix basse et qui s'adressaient à Dieu.

M. le comte d'Ap.... s'était endormi avec la tranquillité que donne une bonne conscience; depuis une heure il sommeillait paisiblement. Sa fille était à côté, dans l'attitude d'une personne endormie; mais son âme énergique ne sommeillait pas. Depuis que le calme et l'obscurité régnaient dans la prison, et que rien ne pouvait plus interrompre ses pensées, elle réfléchissait avec terreur sur le sort affreux qui menaçait son père, elle voyait qu'il lui était impossible de l'arracher à la mort. Son imagination exaltée la livrant au désespoir, évoquait devant elle l'image sanglante de l'échafaud, et faisait passer et repasser devant ses yeux d'horribles visions de cadavres sans têtes.

Elle fut plusieurs fois sur le point de pousser des cris de frayeur, mais elle parvint à se contenir. Une seule parole qui aurait frappé son oreille, aurait suffi pour faire évanouir toute cette épouvantable fantasmagorie, mais elle ne voulait pas troubler le repos de celui qui causait toutes ses alarmes. Il dormait, il était heureux; pour rien au monde elle n'eût voulu l'éveiller : une fièvre ardente la dévorait, elle souffrait horriblement. Tout-à-coup il lui vint une idée, une de ces idées que le ciel envoie. Depuis longtemps, elle portait toujours sur elle une petite statue de la Vierge en ivoire. C'était un saint religieux qui la lui avait donnée avant la Révolution ; elle était alors tout enfant, et le bon père lui avait recommandé d'avoir beaucoup de confiance en Marie, et d'avoir recours à son assistance toutes les fois qu'elle se trouverait dans des circonstances fâcheuses. Depuis lors, elle n'avait jamais manqué de lui adresser tous les jours une prière ; mais dans l'affreuse position où elle se trouvait, c'était surtout le cas d'avoir recours à sa sainte protectrice. Elle se leva sans bruit, de dessus la paille où elle était accroupie, et, se mettant à genoux, elle prit dans ses mains l'image révérée de la mère des douleurs, et lui adressa de ferventes prières avec la foi la plus vive, la confiance la plus complète ; elle lui demanda de sauver son père de l'échafaud, et lui promit, si elle était exaucée de lui rendre des actions de grâce tous les jours de sa vie.

A peine avait-elle commencé à prier,

que les visions qui la tourmentaient disparurent; les plaies de son cœur furent adoucies par ce baume céleste que Dieu nous envoie par notre bon ange, lorsqu'accablés par les peines de la vie, nous demandons un soulagement à sa mère bien-aimée. Elle pria longtemps, elle versa en silence d'abondantes larmes; enfin, vaincue par le sommeil, elle s'endormit comme on le fait toujours à cet âge, même dans les circonstances les plus fâcheuses, et ne s'éveilla que lorsque les pâles rayons du soleil de novembre, pénétrant dans le sombre lieu, vinrent annoncer qu'on allait recommencer une triste journée.

Elle tenait encore dans ses mains la petite madone d'ivoire, comme au moment où elle avait été surprise par le sommeil. La prière de la nuit avait exalté son âme; sa confiance dans la Vierge l'avait remplie de force et de courage, elle se sentait ca-

capable de tout entreprendre, de tout braver ; l'image de la mort ne l'effrayait plus, elle l'aurait subie sans crainte. M. le comte d'Ap.... ne dormait plus depuis longtemps ; dès qu'il vit sa fille éveillée, il lui reprocha avec une insouciante gaîté son long sommeil, et il paraissait étonné de la voir si calme et si tranquille, elle qui s'était livrée la veille au paroxisme de la plus violente douleur.

La jeune fille s'excusa en rougissant sur les fatigues que lui avaient fait éprouver les évènements de la soirée précédente, mais elle ne parla pas de ce qui lui était arrivé la nuit, et garda son secret. Deux journées se passèrent sans qu'aucun évènement extraordinaire vînt en troubler la monotonie. Personne ne fut amené dans la prison, personne n'en sortit pour comparaître devant les juges. Enfin, le troisième jour, vers dix heures du matin, le bruit des verrous annonça l'arrivée du geôlier; la porte s'ouvrit, et ce dernier, une liste à la main, prononça les noms de plusieurs prisonniers cités devant le tribunal révolutionnaire.

II.

Parmi ces noms se trouvait celui de M. le comte d'Ap.... qui se recommanda pieusement à Dieu et se disposa à suivre les gendarmes. En ce moment, une explosion de sanglots se fit entendre, c'étaient les derniers adieux d'êtres tendrement unis, et qui ne devaient plus se revoir. Mlle d'Ap...., dès le premier moment, s'était fortement cramponnée au bras de son père, son cœur battait à rompre sa poitrine, elle tremblait qu'on ne voulût l'empêcher de le suivre, et elle était disposée à se laisser hacher plutôt que d'être séparée de lui. Heureusement, quoique son nom ne fût pas sur la liste, on ne lui fit aucune difficulté. L'ordre du départ fut donné et l'on se mit en marche. Quelques moments après on arrivait à l'Hôtel-de-Ville, où se tenaient les séances du tribunal sanguinaire.

Toutes les prisons avaient fourni leur contingent, et il y avait un grand nombre de malheureux qui, gardés par un fort piquet de troupes, attendaient dans une grande salle leur tour de comparution devant les juges. M. le comte d'Ap.... s'était assis sur un banc dans un des coins les plus reculés de l'appartement. Sa fille était près de lui pâle et tremblante, les yeux hagards. Chaque fois que la voix rauque de l'huissier venait prononcer un nom, elle cachait son visage dans ses mains, de peur que ce ne fût le moment fatal.

On ne peut rien se figurer de plus effrayant que ce qui se passait dans ce fatal entrepôt de la guillotine. C'était une horrible et lente agonie calculée par les monstres qui ensanglantaient la France. C'était un affreux concert de gémissements étouffés, de cris déchirants de femmes, de sanglots convulsifs, de gémissements et de prières. La douleur muette n'était pas moins affreuse. Partout où l'on portait ses regards, on ne voyait que des figures livides et contractées; quelques-unes avaient l'expression d'une pieuse et douloureuse résignation; d'autres, celle de la fureur et du désespoir.

Quelques hommes, jeunes et vigoureux, qui regrettaient la vie, et qui ne voyaient qu'une nuit entre eux et l'éternité, fermaient les poings avec rage, leurs lèvres écumaient, leurs yeux lançaient des éclairs. Jeunesse, beauté, richesse, avenir, tout allait s'anéantir le lendemain.....

Quoique les féroces brigands qui se paraient du titre de juges fussent fort expéditifs dans leur sanglante parodie de la justice, la soirée était déjà très avancée, et cependant un grand nombre d'accusés n'avaient point été appelés. La séance venait d'être levée, la boucherie du lendemain était suffisamment pourvue.

Les gendarmes s'emparèrent des prisonniers et les conduisirent successivement dans les différentes maisons d'arrêt qu'ils devaient occuper. M. le comte d'Ap.... qui se trouvait dans le nombre de ceux que l'on avait réservés pour un autre jour, s'imaginait qu'on allait le conduire dans la prison d'où il était venu le matin; il se trompait. En sortant de l'Hôtel-de-Ville, on lui fit passer le pont de Pierre et on se dirigea vers la prison de Roanne. Mlle d'Ap.... était toujours suspendue au bras de son père, mais sans aucune méfiance. Puisque l'on n'avait fait le matin aucune difficulté pour la laisser sortir, il n'était pas probable que l'on en fît le soir pour la laisser entrer; aussi, suivait-elle avec confiance. Mais au moment ou M. le comte d'Ap.... baissait la tête pour passer sous la porte de la prison, et où sa fille se disposait à en faire autant, un gendarme la poussa avec violence, la fit tomber à la renverse sur le pavé, et referma la porte. La jeune fille poussa un cri déchirant et s'évanouit.........

Quelques instants après, elle revenait à la vie. Les monstres à figures d'hommes qui gardaient la porte ne lui avaient donné aucun secours; seulement, comme elle gênait la circulation, on l'avait poussée dans un coin de la rue sur un tas d'ordures, et c'est là qu'elle reprit ses sens, ne pouvant pas bien encore se rendre raison de ce qui venait de lui arriver. Elle avait été horriblement bouleversée par sa dangereuse chute ; sa tête avait rudement frappé sur la pierre, une vive douleur avait ébranlé son cerveau. Peu à peu ses idées lui revinrent et lui firent voir l'affreuse réalité de sa position. Elle était séparée de son père, peut-être pour toujours; cette triste pensée absorbait toutes ses facultés; elle fondait en larmes, et ne songeait déjà plus à l'accident qui venait de lui arriver. Qu'était pour elle la douleur physique? moins que rien........ sa désespérante douleur, c'était la séparation cruelle qu'il lui fallait subir! Elle essaya de se lever; ses jambes tremblaient. Elle eut à peine là force de faire quelques pas pour aller se jeter aux pieds du commandant du poste et le supplier de la laisser entrer dans la prison. Les sanglots s'échappaient avec force de sa poitrine; elle était à genoux, les mains jointes, les cheveux en désordre. Sa figure douce et gracieuse, altérée par la douleur et le désespoir, avait l'expression de la supplication la plus touchante. Un tigre, une bête farouche eussent été attendris, un sans-culotte ne devait pas l'être.

A peine la jeune fille avait-elle commencé sa supplique, qu'un gendarme la saisissant rudement par le bras lui dit : « Marche; puisque tu veux de la prison, on t'en donnera. » En disant ces mots, il la poussait devant lui. Il n'y avait pas de résistance possible. Mlle d'Ap.... marchait toute chancelante, sans savoir où on la menait.

On lui fit traverser la ville et on s'arrêta enfin devant la porte *des Recluses*. Le gendarme qui la conduisait la laissa sous la garde d'un factionnaire, alla à la geôle et revint quelques instants après suivi d'un porte-clefs. Celui-ci examina d'un air sardonique la nouvelle arrivée, et lui faisant signe de la suivre : « Par ici, citoyenne, dit-il d'une voix rauque et sinistre.... tu trembles.... n'aie donc pas peur, tu ne seras pas seule; je vais te mener en bonne compagnie. » Mlle d'Ap.... était plus morte que vive, elle tremblait comme une feuille. « Mais brave homme, dit-elle, où me conduisez-vous? » — « Qu'appelles-tu brave homme? reprend le républicain, il n'y a point de brave homme ici, il n'y a que des citoyens. Je te conduis où l'on m'a donné l'ordre de te conduire. » En disant ces mots, il ouvre une porte, prend la jeune fille par les épaules, la pousse en dedans, referme et s'en va.

L'appartement où Mlle d'Ap.... venait d'être introduite avec si peu de cérémonie, était sombre et triste. Il était tard, et le peu de jour qui régnait encore avait de la peine à pénétrer au travers de deux petites fenêtres grillées, ouvertes à la hauteur du plafond. Il lui fallut un moment, pour pouvoir distinguer quels pouvaient être ses compagnons de captivité. Quand elle fut un peu familiarisée avec l'obscurité du lieu, elle put enfin comprendre quelle était la singulière société qu'on lui avait choisie. Il ne lui fut pas difficile de voir avec quelles personnes elle se trouvait. Leur mise équivoque, leurs allures libres, leurs propos grossiers lui firent comprendre bien vite qu'on voulait lui faire avaler jusqu'à la lie le calice d'opprobres et d'amertumes; on venait de l'introduire dans la prison où l'on enfermait les femmes de mauvaise vie.... O honte et malédiction!!!! Ces hommes infâmes, qui s'abreuvaient à longs traits du sang le plus pur de la France, n'étaient pas encore satisfaits, il leur fallait des supplices pour l'âme, et ils ne rougissaient pas de jeter une jeune fille vertueuse et pure, au milieu d'une troupe de femmes perdues !

Mlle d'Ap.... était interdite et muette, une sueur froide parcourait tout son corps; elle pensait à sa mère : quelle serait sa douleur et son inquiétude, si elle la savait dans une pareille position. Qu'allait-elle devenir ? resterait-elle longtemps dans ce cloaque impur ? Pendant ce temps-là, qu'arriverait-il à son père ?... Toutes ces idées s'entrechoquaient dans sa tête, elle était honteuse et désespérée : pas un visage ami, pas une bienveillante parole, pas une âme honnête dans laquelle elle pût épancher sa douleur. Elle se retira dans un coin de l'appartement, et là, cachant sa figure dans ses mains, elle pleurait amèrement et priait la sainte Vierge de venir à son aide.

Il n'y avait qu'un instant qu'elle avait

commencé sa prière, lorsqu'elle se sentit prendre doucement par le bras. Elle tressaillit et faisait déjà un mouvement brusque pour se soustraire à ce contact qui la dégoûtait, lorsqu'une voix douce et tremblante lui dit tout bas : « Pauvre enfant, n'ayez pas peur, je viens vous consoler, je suis malheureuse et isolée ici comme vous. Dès que je vous ai vu entrer, j'ai bien vite compris que vous n'apparteniez pas à la classe dégradée des femmes que l'on enferme dans cette prison ; mais j'ai voulu attendre un instant pour vous joindre, afin de ne pas trop éveiller l'attention des malheureuses qui nous entourent, et qui auraient pu vous poursuivre de leurs propos grossiers. Tranquillisez-vous, ne craignez rien, vous n'êtes plus seule maintenant, je ne vous quitterai pas.... »

Un ange du ciel qui serait venu abriter la jeune prisonnière sous ses ailes, ne lui aurait pas occasionné une impression plus douce que celle qu'elle éprouva en entendant ces mots. Déjà toute rassurée, elle confia son nom et raconta brièvement son histoire à sa nouvelle compagne, qui, à son tour, lui raconta la sienne. C'était une pauvre religieuse âgée de près de 82 ans, vieux débris du cloître, où elle avait passé sa longue vie à implorer la miséricorde de Dieu pour les hommes, jusqu'au jour où, chassée de son couvent, elle avait erré d'asile en asile. Après la prise de Lyon, elle avait été arrêtée ; depuis lors elle était restée en prison, et elle attendait avec calme et résignation le moment où elle terminerait, par le martyre, une vie toute de vertus et de prières. Elle avait comparu plusieurs fois devant les juges qui, pour prolonger son agonie, la renvoyaient toujours à une autre séance. Il y avait deux jours qu'elle était au milieu de cet ignoble troupeau de prostituées : c'était un rayon de soleil dans un brouillard impur, c'était le ciel au milieu de l'enfer.

Mlle d'Ap.... sentit renaître dans son âme une douce confiance ; elle n'était plus abandonnée, elle avait trouvé une seconde mère. Que pouvait-il lui arriver de malheureux sous l'égide de la vénérable religieuse ; n'était-ce pas Dieu qui la lui avait envoyée ? Sa confiance dans la vierge n'était-elle pas évidemment récompensée? ne le serait-elle pas encore davantage? Son cœur semblait le lui dire. Pendant ce temps la soirée s'était avancée ; elle suivit sa nouvelle amie dans le coin où était son grabat, et prit place sur la même paille ; après avoir prié ensemble, et s'être bien serrées l'une contre l'autre pour se garantir du froid, la jeune fille de vingt ans et la pauvre octogénaire s'endormirent du même sommeil.

Depuis longtemps, elles n'avaient passe une nuit aussi paisible : leur commune prière avait calmé leur esprit. Elles rêvèrent toutes deux, mais ce fut le bonheur. L'une était au crépuscule de sa vie, l'autre à l'aurore. La bonne vieille rêvait qu'elle allait au ciel, la jeune fille qu'elle sauvait son père; toutes deux voyaient leurs désirs comblés.

Neuf heures venaient de sonner, lorsque le bruit des verroux se fit entendre; la porte s'ouvrit et donna passage à plusieurs prostituées que l'on avait arrêtées pendant la nuit. A cette époque fatale, où la France était gouvernée par les hauts barons de la crapule et de la bazoche, ces singuliers réformateurs de la morale avaient rendu une ordonnance interdisant aux femmes de mauvaise vie de paraître dans les rues ou sur les places publiques; toutes celles que l'on y surprenait étaient arrêtées, déposées dans les corps-degardes, et enfermées ensuite jusqu'à nouvel ordre dans une maison de détention. Quel était le but de ces singuliers législateurs? L'amélioration des mœurs publiques? Ils professaient ouvertement le dévergondage le plus effréné ; ils étaient la personnification vivante de toutes les passions mauvaises et de tous les vices. Agissaient-ils par hypocrisie? En France, elle ne leur était pas possible ; leurs infâmes turpitudes étaient trop connues. C'était plutôt pour se donner à l'étranger, où la République était redoutée par le succès de ses armes, un faux vernis de rigidité antique. Ils faisaient sonner bien haut dans leurs bulletins l'excellence de leurs vertus, mais chacun savait là-dessus parfaitement à quoi s'en tenir.

Le nombre de femmes que l'on venait d'amener, faisait plus que compléter la quantité que pouvait raisonnablement contenir la prison ; il y avait encombrement, et ce fut à cette circonstance que Mlle d'Ap.... et la vieille religieuse dûrent de quitter l'infâme repaire. On leur donna brusquement l'ordre de sortir, et certes, elles ne se firent pas prier pour suivre le geolier, qui les conduisit dans une autre salle, où elles trouvèrent plusieurs personnes de leur connaissance. Mlle d'Ap.... y resta encore cinq ou six jours, horriblement tourmentée sur le compte de son père dont elle n'avait aucune nouvelle. Toutes les fois qu'il arrivait un nouveau prisonnier, elle se hâtait de demander le nom des personnes qui avaient péri sur l'échafaud, tremblant que son père ne fût du nombre; heureusement, il n'en était rien. Vers le sixième jour, Mme la comtesse d'Ap.... qui avait ignoré jusque-là ce qu'était devenue sa fille, parvint à la découvrir à force de recherches, et lui fit savoir que M. le comte d'Ap.... avait subi un interrogatoire, et que son jugement avait été différé jusqu'au moment où l'on recevrait des renseignements demandés sur son compte aux patriotes du Puy. La bonne nouvelle de ce sursis calma un peu les inquiétudes mortelles de Mlle d'Ap.... et augmenta son courage et son espoir.

Cet heureux évènement fut suivi d'un autre; le lendemain, dans la matinée, on la conduisit à l'Hôtel-de-Ville, où elle subit un interrogatoire.

On la questionna beaucoup sur sa conduite pendant le siége; on espérait l'amener, par surprise, à faire quelques révélations qui pussent compromettre son père; mais cet odieux moyen n'eut aucun succès. La jeune fille ne perdit pas son sang-froid, elle sut éluder avec adresse les piéges qu'on lui tendait, et comme on n'avait d'autre reproche à lui faire que son héroïque amour filial, on la mit sur-le-champ en liberté... Dès que Mlle d'Ap....

se vit libre, elle vola dans les bras de sa mère. Toutes deux versèrent d'abondantes larmes, et parlèrent longuement de l'objet de toutes leurs angoisses. En même temps, quelques amis ayant appris le retour de Mlle d'Ap.... étaient venus la voir, s'informer des causes et des circonstances de son absence, et savoir des nouvelles du pauvre prisonnier. Elle leur raconta ce qui lui était arrivé, omettant toutefois les particularités qui pouvaient faire ressortir sa noble conduite; ensuite, on tint conseil, et chacun cherchait à découvrir quelque moyen pour le sauver s'il était possible, ou du moins pour prolonger cette existence si chère. Mille projets furent proposés et rejetés tour à tour, et on finit par se séparer sans avoir rien décidé. Cependant, au moment de sortir, une des personnes qui se trouvaient là, avait pris à part Mlle d'Ap.... et lui avait confié un secret qui pouvait, entre bonnes mains, devenir une planche de salut; la seule chose qu'on exigeât d'elle, c'était de ne jamais révéler de qui elle le tenait. La jeune fille le promit; et après avoir songé toute la nuit à son important projet, le lendemain matin elle se mit en campagne.

Pour la réussite de son nouveau plan, il fallait qu'elle vît sans témoins, et le plus tôt possible, Brunières, l'un des juges du tribunal révolutionnaire, qui passait pour être moins cruel et moins sanguinaire que ses collègues. Elle avait des choses importantes à lui communiquer; mais il était bien difficile de parvenir jusqu'à lui. Les pourvoyeurs de la guillotine étaient inabordables et méfiants. L'ombre sanglante de Marat et de Saint-Fargeau les poursuivait toujours.... Cependant le temps pressait, les renseignements du Puy pouvaient arriver d'un jour à l'autre, et il était certain qu'ils seraient *à l'encre rouge;* il fallait donc se hâter.

Mlle d'Ap.... se présenta plusieurs fois dans la matinée au logement de Brunières; mais on lui répondait toujours qu'il n'était pas visible. Elle avait beau prier, supplier, elle était inexorablement refusée, et son insistance qui avait été remarquée lui attira même quelques mauvais traitements. Enfin, repoussée pour la sixième fois, elle résolut de l'attendre dans la rue et de s'adresser directement à lui, lorsqu'il sortirait. La veille, elle l'avait vu pendant son interrogatoire; d'ailleurs, il était facile de le reconnaître à sa haute taille et à sa bonne mine. Depuis plus d'une heure, Mlle d'Ap.... attendait à quelque distance de la maison; mais de manière à ne jamais perdre la porte de vue. Enfin, un moment avant midi, Brunières parut au milieu de plusieurs sans-culottes qui lui servaient d'escorte. Elle s'avança résolument vers lui, et prenant la parole :

— Citoyen juge, je suis venue plusieurs fois ce matin pour te parler d'une affaire importante qui te concerne personnellement; on m'a toujours refusé ta porte, en me disant que tu n'étais pas visible. Tu n'es pas instruit de ce qui se passe, sans quoi tu ferais cesser un pareil abus. Ne faut-il pas que les magistrats du peuple soient accessibles à tous les citoyens quand il est question de l'intérêt de la République? Il me faut absolument une audience particulière, il faut que je te parle sans témoins.

Brunières et ses coupe-jarrets s'étaient arrêtés; ils considéraient la jeune fille avec un air de curiosité et étaient étonnés de voir tant d'énergie et de fermeté dans un corps aussi délicat. Le juge républicain ne paraissait pas vouloir prolonger plus longtemps la conversation, et pour se débarrasser plus promptement de la pauvre solliciteuse, il eut l'air d'abonder dans son sens :

— Citoyenne, lui dit-il, on a eu tort de te refuser ma porte ; tu reviendras plus tard, et tu me diras tout ce que tu voudras ; je ne peux m'arrêter ici, je suis attendu au tribunal, où mon devoir m'appelle.

Mlle d'Ap.... n'était pas assez dupe pour se contenter de pareilles promesses; elle savait bien qu'on lui refuserait la porte toutes les fois qu'elle se présenterait.

Aussi, à peine Brunières eut-il fait un mouvement pour continuer son chemin, qu'elle le saisit fortement par la basque de son habit.

— Citoyen, je ne te lâcherai pas que tu ne m'aies donné par écrit un ordre et une heure d'introduction; je te répète qu'il est très important que j'aie un entretien particulier avec toi, sans retard.

Le républicain sourit, surpris d'une telle énergie. Il trouvait plaisant d'être arrêté au milieu de la rue par un obstacle si peu redoutable. Cependant il n'y avait pas moyen d'échapper, et il finit par prendre son parti de bonne grâce.

— Il paraît, citoyenne, que tu tiens fortement à tes volontés; il te faut donc absolument un ordre écrit? eh bien! tu l'auras... Et prenant dans sa poche un carnet, il en déchira une feuille sur laquelle il écrivit au crayon : *Laissez passer à trois heures la porteuse du présent.* Il data et signa ce passeport improvisé, et le remit à la jeune fille, qui le lut avant de lâcher prise. Le reconnaissant bien en règle, elle rendit la liberté à son prisonnier et s'éloigna.

A l'heure dite, elle était à cette porte qu'elle avait si vainement assiégée le matin; elle exhiba son ordre et fut introduite sur-le-champ auprès de Brunières qu'elle trouva seul dans son bureau et assis près d'une table encombrée de papiers.

Brunières la voyant entrer, jeta sur elle un regard scrutateur, et lui désignant un siége : Assieds-toi, Citoyenne, lui dit-il, et entrons en matière : mon temps est précieux ; que veux-tu de moi ?

Mlle d'Apt.., était saisie d'une émotion vive, mais toute intérieure. Pendant ce préambule, elle demandait à Dieu de l'inspirer dans ses réponses.

— Citoyen, quelqu'un peut-il nous entendre ?

Sur un signe négatif de Brunières, elle reprit :

— Mon père est en prison.... Je sais qu'il doit être condamné à mort, et je viens te demander de le sauver.

Brunières laissa échapper un mouvement d'impatience.

— Je savais bien, qu'il s'agissait de quelque doléance : tu aurais beaucoup mieux fait, citoyenne, de t'épargner des peines inutiles ; je ne puis rien pour ton père qui est un ci-devant.... C'est malheureux, mais il faut qu'il meure comme les autres....

— Qu'il meure comme les autres! répliqua la jeune fille avec exaltation et d'une voix ferme; eh bien! s'il meurt, tu mourras aussi.... toi. Ce n'est point une grâce que je viens te demander, entends-tu bien? Non, ce sont des conditions que je viens te proposer; ta vie est entre mes mains, je vais te le prouver. Tu as indignement trompé la République; tu as de faux papiers, le nom que tu portes n'est pas le tien; je te connais, tu es gentilhomme, et, de plus, tu as été l'un des gardes-du-corps du roi d'Espagne: j'en ai des preuves écrites, et si tu es dénoncé, dans les 24 heures tu monteras sur l'échafaud. Vois maintenant si tu veux traiter avec moi.....

Brunières, en entendant ces paroles, avait baissé la tête, il était foudroyé, anéanti; son visage s'était subitement couvert d'une pâleur livide. Tout-à-coup il se lève avec vivacité, et s'approchant de la jeune fille :

— Citoyenne, es-tu la seule qui sache mon secret?

— La seule! non vraiment, répondit celle-ci d'une voix calme; crois-tu donc que j'aurais eu l'imprudence de venir ainsi me livrer entre tes mains? Oh! non, je ne suis pas la seule, et si dans une heure je ne suis pas sortie saine et sauve de chez toi, ta tête en répondra.

Le républicain avait éloigné sa chaise d'un violent coup de pied; il se promenait à grands pas dans l'appartement, il prononçait des paroles entrecoupées, et avait peine à comprimer l'explosion de sa colère. Enfin, il s'arrête, et se frappant fortement le front de son poing fermé, il dit d'une voix bassement accentuée :

—Encore, si tu me demandais une chose possible.... mais comment veux-tu que je sauve ton père? Sais-tu qu'il y a de grands brigands parmi nous.... Ton père doit être condamné à mort demain matin, et avant deux jours, il sera envoyé aux patriotes du Puy, qui ont demandé son exécution dans leur ville.

Un frisson mortel parcourut Mlle d'Ap.... de la tête aux pieds; mais l'imminence du danger doublait son courage.

— Citoyen, répondit-elle, tu connais maintenant la valeur de l'enjeu, c'est à toi à gagner la partie; c'est toi qui dois chercher les moyens de sauver mon père. Je te seconderai de tout mon pouvoir; je suis disposée à tout entreprendre, je suis résolue à tout braver; il me faut la vie de mon père, je la veux à tout prix. Si tu obtiens sa liberté, si tu parviens à me le rendre, je te jure que ton secret ne sera jamais connu; je te jure en outre une reconnaissance éternelle. Chaque jour de ma vie je prierai Dieu pour toi....

Le juge révolutionnaire sourit à cette dernière phrase, puis, après un moment de réflexion :

— Citoyenne, pourrais-tu m'apporter dans un court délai une pétition signée de trente bons patriotes qui réclameraient ton père, c'est le seul moyen de le sauver.

Un éclair de joie venait d'illuminer l'âme de la jeune fille.

— Une pétition de trente patriotes! oui, je te l'apporterai ; mon père a habité longtemps le Vivarais, il était aimé de tous, il a fait du bien à tous, si le peuple de la petite ville de V...... savait la position où il se trouve, je ne doute pas qu'il ne vînt le réclamer. Promets-moi d'obtenir un délai, jure-moi qu'avant mon retour on ne l'enverra pas au Puy; cette nuit je partirai pour V......, et au bout de deux jours et demi je m'engage à te rapporter la pétition.

— Alors, j'en fais mon affaire ; je te jure qu'avant ton retour, il ne partira pas : mais, prends garde au délai fixé. Si, à midi, le troisième jour, tu n'es pas ici avec la réclamation bien authentique, je ne réponds plus de rien.

Les conditions venaient d'être acceptées de part et d'autre, Mlle d'Ap.... allait s'occuper de ses préparatifs de voyage. Avant de quitter Brunières, elle obtint de lui la permission écrite de voir son père, vola à Roanne, montra son ordre, fut introduite sans difficulté, et se jeta dans les bras de celui pour lequel elle mettait en jeu toutes les ressources de son âme héroïque. Elle lui raconta rapidement son projet de voyage à V....., et les promesses qu'on lui avait faites de le mettre en liberté si elle rapportait une réclamation de trente patriotes. M. le comte d'Ap.... avait tellement perdu tout espoir, qu'il prenait cela pour une fable. Il craignait que la tête exaltée de sa fille ne lui eût inspiré ce projet et qu'il n'y eût aucune chance de réussite. On était à la fin de novembre, le temps était mauvais, il fallait s'embarquer sur le Rhône débordé. Voyant pour sa fille un danger imminent, il ne voulait pas qu'elle exposât sa vie pour sauver la sienne; aussi lui fit-il la défense expresse de partir. Mlle d'Ap.... était désolée, il lui en coûtait de désobéir à son père, mais, comment renoncer à une dernière planche de salut; son parti était pris, elle se sépare de lui à la hâte, en s'écriant : A revoir, bon courage ! et sort de la prison.

Un quart-d'heure après, elle entrait en négociation avec un batelier du Rhône, homme sûr et habile, qui, moyennant une bonne somme d'argent, s'engageait à la débarquer à T..... dans la soirée du lendemain; le départ était fixé à une heure avant le jour.

III.

Mad. la comtesse d'Ap.... ignorait complètement ce qui se passait; lorsque sa fille rentra, et lui rendit compte de ce qu'elle venait de faire, cette pauvre mère pouvait à peine en croire ses oreilles: elle s'imagina que sa fille avait perdu l'esprit. Celle-ci lui racontait avec enthousiasme la confiance qu'elle avait dans le succès de son entreprise.

— C'est la Sainte-Vierge, disait-elle, qui m'a inspirée, c'est elle qui est mon guide.... Ne me dites rien, ne vous opposez pas à mon projet, ce serait inutile; il y aurait mille morts à affronter qu'elles ne m'arrêteraient pas.

A une pareille détermination, il n'y avait rien à objecter; aussi la malheureuse femme dut se résigner; elle serrait sa fille dans ses bras, elle l'admirait, mais son émotion ne lui permettait pas d'exprimer une seule parole. Que d'angoisses allaient l'accabler pendant ces deux jours! Son cœur était rempli de tristes prévisions: au lieu d'une victime, ne pourrait-il pas arriver qu'il y en eût deux!

La jeune fille se jeta sur un lit afin de prendre un peu de repos; mais le sommeil vint à peine fermer un instant ses paupières. Bien avant le moment du départ, elle était debout. Après avoir pris des vêtements chauds, du pain et l'argent nécessaire pour le voyage, elle se rendit à l'heure convenue sur le bord du Rhône. Le marinier était à son poste, il aida Mlle d'Ap.... à descendre dans le bateau qui, une fois dégagé de ses amarres, suivit le cours impétueux du fleuve débordé.

Le temps était affreux; un vent violent soulevait de grosses vagues. L'embarcation était si petite qu'une troisième personne aurait eu de la peine à s'y placer, et les vagues la ballotaient tellement qu'il était à craindre qu'elle ne finît par être engloutie. Le marinier commençait à se repentir de s'être mis en route, et voulait aborder. Les objections qu'il faisait à la jeune fille sur l'imminence du danger, ne fléchirent en rien son courage, elle n'avait pas la moindre frayeur et il ne put jamais lui persuader de s'arrêter. L'eau entrait souvent dans la barque, il fallait travailler sans cesse à la puiser.

Le jour parut bientôt. La violence de l'ouragan diminua, les lames devinrent moins furieuses et le danger moins grand. Cependant le vent soufflait toujours un peu et retardait leur marche ; il fallait alors avoir recours aux rames, dans de certains endroits où le courant était moins fort. Mlle d'Ap.... ramait de temps en temps de toutes ses faibles forces afin de soulager un peu le brave marinier qui n'en pouvait plus. Ils continuèrent ainsi à manœuvrer tout le jour sans relâche ; et après des fatigues et des dangers inouïs, ils abordèrent à T... à la nuit close.

La jeune fille était épuisée ; depuis le matin, elle était mouillée jusqu'aux os, et son pauvre corps était glacé. A peine eut-elle la force d'arriver jusqu'à la maison où des amis de sa famille lui prodiguèrent les soins les plus affectueux ; on s'empressa de faire sécher ses vêtements trempés, et, à l'aide d'un peu de nourriture et de quelques cordiaux, on ranima ses forces. Alors elle raconta à ses hôtes étonnés le but de son voyage, et les pria de lui procurer un cheval et un guide. Le lendemain, de grand matin, elle se remit en route pour V..., éloigné de cinq ou six lieues.

Il était dix heures quand Mlle d'Ap... arriva dans cette petite ville. En y entrant, elle rencontra une bonne femme qui la reconnut et ne fut pas peu surprise de la voir. Elle s'empressa de lui demander ce qui se passait à V... et apprit que le pays était assez tranquille, et que, depuis quelques instants, on venait de se réuuir dans l'église, où se tenaient les séances de la commune.

La Providence, qui avait veillé sur Mlle d'Ap.... pendant son voyage, continuait bien évidemment de la protéger; elle ne pouvait arriver dans un moment plus opportun. Aussi, à peine avait-elle eu le temps de réfléchir, qu'elle sauta à bas de son cheval et courut, en toute hâte, vers l'église privée de son Dieu. Les séances étant publiques, elle pénétra sans difficulté. On était dans le feu de la discussion. Elle écarte du coude tout ce qui la gêne sur son passage, se dirige vers la chaire, et en un clin d'œil en monte les degrés. Un mouvement de curiosité se manifeste subitement dans l'assemblée; tout le monde est surpris de cette apparition ; cependant quelques-uns des membres ont reconnu la jeune personne qui fait signe de la main qu'elle veut parler. Le silence succède bien vite au tumulte, et elle prend la parole en ces termes :

—Mes amis, mon père est à Lyon, dans un cachot; il est condamné à mort, j'ai la promesse d'obtenir sa grâce si je puis apporter demain, avant midi, une pétition signée de trente bons patriotes qui le réclament. Vous savez tous combien il vous aime, combien il aime son pays. Oh! je vous en conjure, par tout ce que vous avez de plus cher, sauvez-le, rendez-le moi !

A peine avait-elle prononcé ces mots, qu'elle est suffoquée par l'émotion, et tombe évanouie.

Ah ! comme elles furent éloquentes ces courtes paroles ! Quelle touchante noblesse dans cette confiance et cette douleur ! Aussi comme elle fut bien comprise !

—Qu'il vienne ! qu'il vienne ! s'écrie-t-on de toutes parts. Oui, oui ! nous réclamons le citoyen d'Ap..., c'est un bon citoyen ; que l'on rédige une pétition, nous la signerons tous !

Une seule voix criait :

—Non ! non ! qu'il meure, c'est un aristocrate !

A peine ces mots sont-ils sortis de la

poitrine du brigand sans pitié, que vingt mains l'ont saisi à la gorge ; on veut l'étrangler.... il demande la vie. :

— Oui, tu l'auras, lui répond-on, mais à condition que tu signeras comme les autres.

La pétition est rédigée sur-le-champ, il signe le premier ; tout ce qui sait écrire son nom lui succède ; plus de quatre-vingts signatures sont apposées au bas de l'acte libérateur.

Dès l'instant où Mlle d'Ap.... avait perdu connaissance, quelques femmes qui se trouvaient présentes s'étaient hâtées de lui porter secours. On l'emporta dans une maison voisine, où on lui prodigua, avec empressement, les soins nécessaires. Bientôt elle revint à la vie, et les premières paroles qu'on lui dit furent pour lui annoncer la réussite complète de sa demande. Cette bonne nouvelle acheva de la remettre. Quelques instants après, elle reçut la visite du maire, franc républicain, qui n'en était pas moins partisan de M. le comte d'Ap...., qu'il aimait, et dont il savait apprécier le noble caractère. Il avait rédigé lui-même la pétition en termes très pressants, et il l'apportait à Mlle d'Ap...., avec la légalisation et les formes voulues.

Il alla même jusqu'à lui proposer de l'accompagner à Lyon avec trois ou quatre des membres les plus influents de la commune, pour donner plus de poids à la réclamation générale. La jeune personne, profondément touchée de ces marques de dévouement pour son père, remercia avec effusion, tout en refusant cette offre généreuse. Elle craignait qu'une députation n'éveillât sur la route la susceptibilité de la police républicaine ; de là, résulteraient peut-être des retards, dont le moindre pouvait être mortel. Une femme seule n'inspirait aucune méfiance ; elle ne serait pas inquiétée, le maire ayant eu soin de lui délivrer une lettre de passe.

Après s'être reposée pendant deux heures, elle se mit en route, voyagea toute la soirée et toute la nuit suivante, changea deux fois de chevaux, et arriva enfin aux portes de Lyon un peu avant dix heures du matin. La nuit, elle avait éprouvé plusieurs fois d'horribles frayeurs : craignant d'être fouillée et dépouillée de son précieux titre, elle l'avait caché dans ses cheveux. Un peu avant d'arriver à Vienne, une patrouille de cavalerie l'avait arrêtée ; mais après avoir montré sa lettre de passe à l'officier-commandant, elle avait pu continuer sa route ; elle venait enfin d'atteindre le port après bien des tempêtes, et, faible femme, elle avait supporté courageusement des épreuves qui auraient fatigué même un homme robuste.

Ayant laissé son cheval hors des barrières, elle courut à l'Hôtel-de-Ville, où devait se trouver Brunières. Onze heures allaient sonner ; elle demanda à le voir, pour lui remettre des dépêches. Le juge républicain ne se fit pas attendre ; il reconnut aussitôt Mlle d'Ap...., la loua sur son exactitude, prit la pétition, la lut attentivement, et la trouvant en règle, la soumit sur-le-champ au tribunal. Celui-ci connaissant déjà l'affaire par les soins de Brunières, prononça, séance tenante, la mise en liberté du citoyen d'Ap...., motivée sur la réclamation de quatre-vingts bons patriotes. Deux heures après, toutes les formalités étant remplies, et l'écrou levé, la jeune fille se précipitait dans les bras de son père... Après lui avoir sauvé la vie, elle venait le rendre elle-même à la liberté.... Quelle joie pour Mme la comtesse d'Ap..... lorsque, dans la même soirée, elle put serrer dans ses bras et le père et la fille. Deux jours après, ils partirent pour la petite ville de V..., y furent reçus en triomphe par ses bons habitants, et y restèrent jusqu'à la fin de la Terreur.

Plus tard, l'héroïque jeune fille avait changé ce titre contre celui d'épouse, et c'était une bien douce récompense pour ses nombreux enfants, lorsque, groupés autour d'elle, pendant les longues soirées d'hiver, elle leur racontait, les yeux baignés de larmes, son intéressante histoire. Ils étaient tous fiers d'avoir une pareille mère ; et c'est pour l'un d'eux un véritable bonheur d'avoir à le dire aujourd'hui.

www.ingramcontent.com/pod-product-compliance
Lightning Source LLC
LaVergne TN
LVHW020440230826
846091LV00004B/1559